LEBEN - EHE - LIEBE
ZIRKUS - RUMMEL - TRIEBE

FÜR ANNETTE

DIRK H. WENDT

LEBEN · EHE · LIEBE
ZIRKUS · RUMMEL · TRIEBE

Verse
zum Vortragen

Die Deutsche Nationalbibliothek verzeichnet die Publikation in der Deutschen National-bibliografie, detaillierte bibliografische Daten sind im Internet über www.dnb.de abruf-bar.

ISBN 9783755786009

Herstellung und Verlag:
BoD - Books on Demand,
Norderstedt

Umschlaggestaltung, Satz und Layout:
Dirk H. Wendt

Vignetten:
www.pixabay.com / Dirk H. Wendt

INHALT

PROLOG

Seite 6

DAS LEBEN IST EIN
ZIRKUS

Seite 10

DIE EHE GLEICHT DEM
RUMMELPLATZ

Seite 24

25 ODER 50 LANGE
EHE-JAHRE
– DAS IST EIN GEDICHT

Seite 34

DES MENSCHEN
TRIEBE

Seite 38

DER AUTOR

Seite 46

PROLOG

Wenn jemand nullt zum x-ten Mal
und es ist 'ne hohe Zahl,
wenn zwei vereint in jungen Jahren
oder schon lang' zusammen waren,
wenn Leute für ihr Tun auf Erden
ganz ehrenvoll gefeiert werden,
wenn's also geht um Jubilare,
um grüne, gold'ne, Silberpaare,
um ein Bankett im großen Stil,
dann ist ein Festtag wohl im Spiel.

Wird man zu solchem Fest geladen,
dann kann es ja nicht wirklich schaden,
wenn man sich dort erkenntlich zeigt.
Der Deutsche deshalb dazu neigt,
an großen feierlichen Tagen
etwas Passendes zu sagen.
Die Hörerschar hofft insgeheim,
dass der Sprecher spricht im Reim.

Leben, Ehe und die Liebe
bedeuten Zirkus, Rummel, Triebe!
Ein jeder könnt' auf solche Sachen
ganz sicher seinen Reim sich machen –
und ist der Anlass mal gegeben,
denselben dann zum Besten geben.

Doch liegt einem das Reimen nicht,
wird leicht zur Qual so ein Gedicht.
Da heißt der Rat: Gut recherchiert
ist besser als total blamiert.
Denn Auserwähltes mit Verstand
wird überall doch anerkannt.

Hier kann dies Büchlein hilfreich sein;
schauen Sie doch mal hinein.

Sollten Sie den Vortrag bringen,
achten Sie vor allen Dingen
darauf, dass man ein Gedicht
langsam und betont so spricht,
dass die Hörer folgen können.
Also: auch mal Pausen gönnen.
Denn dann folgt man konzentriert,
aufmerksam und – amüsiert.

Und noch etwas – jaja, nur Mut –
tut dem Vortrag richtig gut:
Die rote Nase und nicht minder
ein Chapeau claque – also Zylinder –,
die geben dem Zirkus-Gedicht
das atmosphärische Gesicht.
Beim Eherummel wär'n schon nett
Melone und buntes Jackett.
Und sind schließlich die Triebe dran:
Kochmütze schmückt Frau und Mann.

Viel Freude daran
und/oder viel Erfolg damit wünscht
Ihr Dirk H. Wendt

DAS LEBEN IST EIN
ZIRKUS

Seid mir gegrüßt, Ihr Menschenkinder!
(Das reimt sich prima auf „Zylinder".)

Wer clever ist und schwer auf Zack,
erkennt es schon am Chapeau claque:

Ich steh vor Euch als Zirkusmann
Als solcher denke ich daran –
oder   Ich steh vor Euch als Zirkusfrau!
      Als solche weiß ich ganz genau –
und sag' es Euch, damit Ihr's wisst – ,
dass Leben wie ein Zirkus ist!

Denn Menschen, Tiere, Sensationen
und Clowns und ernstere Personen,
die gibt's – auch wenn wir widerstreben –
im Zirkus ähnlich wie im Leben.

Drum sag ich's offen – wie's auch sei:
Allez hopp – Manege frei!

Ich steck die rote Nas' nun rein
und stelle fest – ganz allgemein:

Bei jedem fing der Zirkus an,
als sein Leben grad begann.

Kommt du als Wunschkind auf die Welt,
und bist du jemand, der gefällt,
wirst du geknutscht, gedrückt, betatscht,
und was du tust, das wird beklatscht.

Doch ist dein Leben nicht gewollt,
ist Papa sauer, Mami schmollt.
Man vermählt sich auf die Schnelle
infolge der „Verkehrsunfälle"
und spielt das liebe Ehepaar –
kompromisslos Jahr für Jahr!

Wer so hineingeboren ist,
sein ganzes Leben nicht vergisst,
was Ehe zwischen Frau und Mann
doch für ein Zirkus werden kann!

Was einer wird, was einer kriegt,
ja oft schon in der Wiege liegt.
Ob Stallbursch du oder Artist,
ob du der „Dumme August" bist,
Direktor oder „Drahtseilakt",
steht fest geschrieben im Kontrakt,
den man dir oben ausgestellt –
ungefragt, ob's dir gefällt.

Hier Arbeitsfron, da Gaukelei:
Allez hopp – Manege frei!

Der Zirkus kennt ja alle Sparten,
kennt alle Rassen, kennt die Arten.
Welch ein Spektrum spielt sich ab
hoch von der Kuppel bis hinab
in der Manege Sägespäne ...

Ganz wichtig, dass ich das erwähne:

Man kann dort – unvoreingenommen –
leicht unter Fuß und Räder kommen.
Drum hat sich mancher aufgerafft
und hat trotz allem es geschafft,
zum sich'ren Netz emporzusteigen.
Auch so was ist dem Zirkus eigen!
Wir bieten alles im Programm,
mal mit, mal ohne viel Tamtam.

Die Nummern, die da haften blieben,
die hat das Leben selbst geschrieben.

Ein jeder von uns ist dabei:
Allez hopp – Manege frei!

Ich find vor allem interessant,
was der treibt, der Mensch genannt.
Mit diesem Tier besond'rer Rasse
heut und hier ich mich befasse.

Ihr alle kennt die Zeitgenossen
mit ihren Stärken, Schwächen, Possen:

Da gibt es welche, die dressieren.
Sie lassen andere marschieren.
Wie bunt allein ist die Couleur
nur hier und da bei dem Dompteur?!
Man fragt sich weiter, wem er nützt,
und wen vor was der Käfig schützt.

Die Harlekins, die können einen
zum Lachen bringen – oder Weinen.
Manchem gelingt es beim Erheitern
den Horizont uns zu erweitern.
Und and're wieder machen Sachen,
die lauthals selber sie belachen.

Ist so ein Witzbold hier dabei?
Allez hopp – Manege frei!

Auch gibt's patente Akrobaten,
die jonglierend uns beraten.
Sie stellen uns – charmant und nett –
sehr gerne auf ein Schleuderbrett.
Wer abhebt und dann böse fällt,
ist angeknackst und – ohne Geld.
Der Schuldige – befragt – sagt frech:
„Wir nennen das Artistenpech!"

Da gibt es Clowns, ihr kennt sie alle,
die locken blödelnd in die Falle.
Du lachst dich über sie schier krumm,
doch giltst am Ende <u>du</u> als dumm!

Da gibt es den, der ganz gezielt
und gerne mit dem Feuer spielt.
Mal schluckt er es, mal spuckt er's aus,
als käme er aus Satans Haus.
Doch ist dann mal was angebrannt,
kommt er als Feuerwehr gerannt.

Scheinheiligkeit ist an der Reih':
Allez hopp – Manege frei!

Dann gibt es Magier, die mit Sägen –
alleine der Karriere wegen –
statt schönen Damen voll Entzücken
lieber dem Stuhl zu Leibe rücken,
auf dem der Herr Kollege sitzt,
und der um seinen Posten schwitzt.

Da gibt es den, der zaubert gut,
holt tollste Sachen aus dem Hut.
Nicht jeder merkt vorab es schon,
dass das nichts ist als Illusion,
und darum leicht mal übersieht,
was man ihm aus der Tasche zieht.

Da gibt es den, der es genießt,
wenn scharf er aus der Hüfte schießt
oder auch wild die Peitsche schwingt
und andere zum Fürchten bringt.
Der will wohl mit Wildwest-Manieren
ganz augenscheinlich imponieren!

Solch' Typen sind heut' vogelfrei:
Allez hopp – Manege frei!

Und dann gibt's die mit einer Spur
von zirkus-tierischer Natur!

Wer lässt am liebsten sich begaffen?
Die kleinen und die großen Affen!
Selbst ohne dass wir sie dressieren,
können sie uns imitieren.
Nur komisch:
Wird nicht das belacht,
was grad' uns Menschen
affig macht?

Und hinter vorgehalt'ner Hand:
Wer ist sprichwörtlich schon bekannt,
wer spielt sich in den Vordergrund?
Genau – das ist der bunte Hund!

Kennt Ihr die Ferkel, die nur prassen
und überall die Sau rauslassen?
Die Schweine, die stets jemand finden,
um ihm 'nen Bären aufzubinden?

Kennt Ihr die Katzen, die markieren,
und sich als Mäuschen profilieren,
und die mit ihren scharfen Krallen
samtweich stets auf die Erde fallen?

Eitelkeit und Schurkerei:
Allez hopp – Manege frei!

Und dann die Schar von Trampeltieren ...
ich meine die „auf allen Vieren"!'

Kennt Ihr die dicken Elefanten?
Die stecken wie die Kaffeetanten –
wie kann es denn nur möglich sein –
den Rüssel überall hinein.

Kennt Ihr die Esel, die nicht gehen,
die mir nichts, dir nichts bleiben stehen,
und die dabei noch störrisch plärren
und den Weg nach vorn versperren?

Und kennt ihr sie, die lieben Ziegen,
die meckernd sich im Rechte wiegen?
Doch steht dies Tier nicht feminin,
sondern ganz sichtlich maskulin
und angeleint an einem Pflock,
gibt es sich gern als – Doppelbock.

Kennt ihr die Rösser,
die zwar schnaufen,
doch immer nur im
Kreise laufen?
Sie traben stolz mit Federbusch,
geh'n vorne hoch bei jedem Tusch,
und wirken, weil sie schwach belichtet,
leicht wie mit Zucker abgerichtet!

Und wer sind die, die grad so gaffen,
als wär'n sie groß wie die Giraffen?
Jawoll – das sind die Oberschlauen,
die hochnäsig herunterschauen!

Von den Kamelen hier auf Erden
soll gar nicht erst gesprochen werden!

Wer gehört zur Zirkuswelt
wie die Manege und das Zelt?
Ja, ich vergaß – klein, doch oho –
zum guten Ende fast den Floh!
Wie oft wird der – wie man so schwätzt –
dem anderen ins Ohr gesetzt!

Bedenkt zuletzt, dass mit den Schlangen
das Elend hat einst angefangen!
Seit der „Tat" im Garten Eden
betrifft das auf der Erde jeden!

Wo gibt es sonst solch' Viecherei?
Allez hopp – Manege frei!

Der Zirkus war zu allen Zeiten
ein Leben voller Eitelkeiten.
Und das macht klar, wie ihr ja wisst,
dass Leben nicht ganz einfach ist.

Genug mit diesem Bilderbogen!
Nicht alles ist so sehr verlogen,
was uns im Leben widerfährt
und uns im Zirkus Spaß beschert.

Was ich gesagt, nehmt mir nicht krumm,
mein hochverehrtes Publikum,
Anwesenheit ist ausgenommen!

Auch wenn das Leben unvollkommen –
denkt daran, heut gilt allein:
Hier seid ihr Mensch, hier dürft ihr's sein!
Drum wünschen wir dem Jubilare
dies Menschsein noch für viele Jahre!

Es bleibe Zeit für Clownerei!
Allez hopp – Manege frei!

DIE EHE GLEICHT DEM
RUMMEL:PLATZ

Wenn zwei sich lieben und sich trauen,
mit Hoffnung auf die Zukunft bauen,
dann weiß man, wie sie dabei sind
zum größten Teile: ziemlich blind!

Ganz freundschaftlich soll man drum mahnen,
behutsam nett, damit sie's ahnen,
dass dann für beide, Frau und Mann,
die Ehe ... Rummel werden kann.

Liebes Brautpaar, nun ist klar:
Ihr seid ein echtes Ehepaar!
Ihr habt getraut Euch – was für'n Segen!
Denn Ihr gabt Euch ja desterwegen
das JA vor amtlicher Instanz,
auf dass die neue Allianz
gesichert sei für alle Zeit –
wohl keine Selbstverständlichkeit
in Zeiten, wo sich Menschen trennen,
kaum dass sie sich so richtig kennen.

Drum will ich Euch für Euer Leben
im Ehestand den Hinweis geben:
Es gibt da keine Perfektion,
sie ist und bleibt stets Illusion.
Gute Zeiten, schlechte Zeiten
werden Euren Weg begleiten.

Man kennt das aus Erfahrung ja,
denn – alles war schon einmal da:
Das bekannte Auf und Nieder,
nicht immer, aber immer wieder …

Womit könnt' ich es vergleichen,
um Ernst und Spaß zu unterstreichen?
Wie könnte ich in aller Kürze
etwas bieten, das die Würze
und das Fade macht bekannt?
Ich sinnierte und ich fand:

Die Ehe ist – in einem Satz –
ein Bummel über'n Rummelplatz.

Ich will das gerne illustrieren
und beispielhaft hier mal skizzieren:

Da gibt's die neue Jahrmarktswippe,
Reiz und Angst oft auf der Kippe,
Nervenkitzel, Kribbelbauch,
Kreischen, Schreien, Handschweiß auch.

Nichts wie hin zum Riesenrad –
das Allergrößte in der Tat.
Die Gondel hoch nach oben schwebt,
in stille Zweisamkeit uns hebt,
tief unten leis die Kirmeslieder ...
und – schon hat der Lärm uns wieder,
auf dem Boden angekommen.

Ein neuer Anlauf wird genommen:

Für Eheleute wie bestellt –
die größte Achterbahn der Welt!
Welch ein Spaß, das Auf und Nieder,
Kurven, Geraden – immer wieder.

Bei Älteren die Frage reift:
Ob der Haken sicher greift?
Halten bei der Prozedur
auch die Wagen sicher Spur?
Kann, wo fliehend Kräfte walten,
das Gerüst denn diese halten?

Die Jungen wollen das nicht wissen.
Sie stehen schon bei Leckerbissen
am großen Süßigkeiten-Stand
mit Zuckerwatte in der Hand.
Er kostet reichlich, dieser Ball ...

Doch wer denkt schon – in diesem Fall –
bei so verlockend süßem Duft,
dass er erworben fast nur – Luft?!

„Hereinspaziert, hereinspaziert,
hier wird das Beste präsentiert!"
„Lieber zu uns, das wird sich lohnen,
hier gibt's die größten Attraktionen!"

Es ruft, es lockt, es tönt und plärrt,
wir werden hin und her gezerrt,
bis man erkennt am Drum und Dran:
genau so'n Bluff wie nebenan.

Da lasst uns lieber Schießen gehen ...

Schon seh'n wir sie am Schießstand stehen.

Drei Schuss – zwei Euro der Betrag ...
Die Haushaltskasse kriegt 'nen Schlag.
„Drei Schuss für jeden – keinen mehr!"
„Oh schau, wie niedlich dieser Bär!"
Man schaut und kann die
Röhrchen sehn:
5 x 2 auf Draht –
sind zehn!
Auf jedes Röhrchen dann
zwei Schuss ...
bei zwanzig ist noch lang nicht Schluss.
Sie drückt den Bär dann irgendwann:
„Ach, wie mein Mann doch schießen kann!"

Der Beweis, was Mann vermag,
das zeigt sich dann mit einem Schlag
bei „Hau-den-Lukas" voller Kraft
und maskuliner Leidenschaft.

Der Lederamboss wird traktiert,
bis die Patrone explodiert
am Schlitten da hoch oben dran.
Und Frauchen denkt: ein ganzer Mann!

Den älteren Herrn wir hier empfehlen,
sich lieber dran vorbei zu stehlen,
denn Mangel an dem nöt'gen Schwung
führt zu Verallgemeinerung.

Wie reizvoll war'n doch Raupenbahnen,
vor allem, wenn sie ihre Planen
nach kurzem Anlauf endlich schlossen:
man hat die Dunkelheit genossen ...

Doch schneller ward' die Fahrt, was störte
und was man an Geräuschen hörte,
weil stärker man nach außen rückte,
und der, der innen saß, nun drückte,
und das viel mehr, als man erhofft ...

Ja – reingefallen wie so oft !

Wobei wir an der Bude stehen,
die Lose hat, und unbesehen –
das weiß nun heute jedes Kind –
die Mehrzahl davon Nieten sind.

Und doch greift jeder in den Topf,
packt scheinbar Chancen da am Schopf
und preist sich glücklich dann am Ende:

Den Trostpreis tragen seine Hände
ins heimatliche Domizil –
freudig erregt von Spaß und Spiel.
Am Morgen merkt er dann besonnen:
wie gewonnen, so zerronnen ...

Nicht alles, was ich hier geschildert
und Euch als Jahrmarkt hab bebildert,
endet schließlich mit Verlust.
Drum sag dem Brautpaar ich bewusst:
Schärft beizeiten Euren Blick!
Es gilt auch hier der kleine Trick,
den wir beim Kauf von Losen kennen:
Man muss Gewinn von Nieten trennen.

Gewinn ist schon, wenn es für morgen
mehr Freude gibt als täglich Sorgen,
wenn Harmonie stets überwiegt.

Wenn Liebe über Zweifel siegt,
habt Ihr das große Los gezogen.

Wir alle, die Euch sehr gewogen,
wünschen Euch für alle Zeit
ein Leben voller Herzlichkeit!

Zum Wohl – womit ein jeder mag –
auf Euch, auf diesen großen Tag!

25 ODER 50 LANGE EHE-JAHRE
– DAS IST EIN GEDICHT

Liebes Jubelpaar, verehrte Gäste,

es sind der vielen Worte nicht,
die ich Euch heut will sagen;
fünf Strophen nur hat das Gedicht,
das ich hab' vorzutragen.

Ob wir dabei ganz weit zurück-
oder nach vorne schauen:
es geht um Euer beider Glück,
um liebendes Vertrauen.

Stets treu zusammenhalten –
die Tugend hat Gewicht
beim ehelichen Walten ...

So hört nun das Gedicht.

25 Jahre | **50** lange Jahre
miteinander leben,
über Tag und Jahre
hinnehmen und hingeben ...
das ist – wer will's bestreiten –
nicht immer ein Gedicht.

25 Jahre | **50** lange Jahre
miteinander gehen,
gemeinsam über Jahre
die Prüfungen bestehen ...
das ist in diesen Zeiten
so selbstverständlich nicht.

25 Jahre | **50** lange Jahre
miteinander fühlen,
ohne über Jahre
fühlbar abzukühlen ...
das schafft beim Eingeweihten
dankbare Zuversicht.

25 Jahre | **50** lange Jahre
weiter so gestalten
und die wunderbare
Liebe frisch erhalten ...
das kann, wer sich beizeiten
nimmt tüchtig in die Pflicht.

25 Jahre | **50** lange Jahre
... alle gratulieren
unserm Jubelpaare.
Und wir postulieren:
Das Glück soll Euch begleiten!

Zu End' ist das Gedicht.

Zum Wohl – stoßt alle auf sie an:
auf diese Frau und diesen Mann!

SO SIND DES MENSCHEN
TRIEBE:
DURCH DEN MAGEN
GEHT DIE LIEBE

Mir wurd' – welch' Ehre – angetragen,
der Gästeschar etwas zu sagen –
passend zum Essen wäre fein;
humorig dürfte es wohl sein,
und wenn es ginge, auch gedichtet –
so wär es prima angerichtet ...

Ich will das jetzt und gern hier tun,
während alle and'ren ruh'n
nach dem wunderbaren Mahl ...
dafür dank ich schon einmal!

Nun ist das Essen ja ein Zwang!
Als reiner Selbsterhaltungsdrang
gehört er in die Welt der Triebe –
genauso wie der Trieb der Liebe.

Beiden bin ich – unbefangen
und frank und frei – mal nachgegangen:

Die Triebe zwischen Frau und Mann,
die fingen mit dem Apfel an.
Denn damit ließ im Garten Eden
sich schließlich Adam überreden!
Der Sündenfall, nicht zu verhehlen,
bestand nicht nur im Apfelstehlen …

Wer jungverliebt, der lebt allein
von Luft. Doch später sieht man ein
und hört es auch den Volksmund sagen:
Die Liebe geht halt durch den Magen.

Nicht nur der Koch, nein auch die Frau,
die soll drum wissen recht genau,
was sie bestärkt, die Manneskraft,
und rasch entfacht die Leidenschaft.

Hört: Umso reifer jemand ist,
je nötiger ist Amors List,
mit Tücke planvoll einzugreifen.

Ich will hier nur die Dinge streifen,
die nun seit vielen hundert Jahren
bekanntlich stets recht hilfreich waren.
Sie sind in Büchern, meine Lieben,
sehr eindrucksvoll bereits beschrieben,
doch kein Autor (warum denn ich?)
verbürget für die Wirkung sich.

Gleichwohl: Ich will davon berichten.
So muss ich also weiterdichten ...

Die erste Pflicht heißt: früh beginne!
Denn schon der Morgen schärft die Sinne.
Drum trag zum Frühstück das Tablett
dem Auserwählten an das Bett.

Klappt's dabei nicht mit dem Betören,
weil ihn die Brötchenkrümel stören,
und trennt er lieber Bett und Tisch,
dann ist es sehr verführerisch,
wenn du die Tafel feinstenst schmückst
und noch mit Kerzen reich bestückst.

Und glückt es auch mit Licht dann nicht,
empfiehlt sich voller Zuversicht
das Ei. – Denn das weiß nicht nur Meier:
nie eine „Feier" ohne Eier!

Sagt er dann aber sowieso:
Ei, Schatz, ich muss doch ins Büro,
so muss man mit dem Aufgesparten
wohl oder übel darauf warten
und hoffen, dass beim Kerl zur Nacht
ein ganz bestimmter Wunsch erwacht …

Da wünscht sich einer voller Lust
die braun gebrannte Täubchenbrust.
Ein anderer besonders schwärmt
vom Sauerkraut, das aufgewärmt,
ganz ebenso wie Witwe Bolte
bei Wilhelm Busch es immer wollte.

Doch Sellerie, so hört man häufig,
ist als Geheimtipp mehr geläufig.
Manche möchten, wenn sie dürfen,
Austern aus der Schale schlürfen.
Von Krabbensuppe, Aal und Flunder
erwartet man die wahrsten Wunder.

Manche Frau schwört aufs Fondue.
Das macht ihr zwar ein wenig Müh,
doch hat es zauberhaftes Feuer
und zaubert deshalb ungeheuer.

Nütz es mit Käse à la Schweiz,
doch auch Filet hat seinen Reiz.
Du kannst mit Öl und Brühe garen,
doch nie mit scharfen Saucen sparen!

Es wundert nicht, dass Asiaten
stets Scharfes an das Essen taten.
In Orient und Okzident
man die Gewürze heute kennt,

die – importiert aus allen Welten –
als die „amourösen" gelten.

Dazu Baguette und roten Wein –
Was braucht man mehr zu zweit allein!

Wer nicht so tüchtig sich mag quälen,
der kann es auch wohl schlichter wählen.
Die Perser, Inder und Chinesen
sind immer scharf darauf gewesen,
auf Geflügel aller Art –
ob gegrillt, gekocht, gegart.
Ihr Beispiel sollte Schule machen.
Drum nicht gezögert: einfach machen!

Hat der Gatte endlich nun
das gut gewürzte Curry-Huhn
geknackt, verspeist mit bloßen Händen,
muss das Mahl mit Nachtisch enden.

Wie wär denn mal Ti-ra-mi-su?
Das wirkt ganz wie gewollt im Nu!
Nicht schlecht ist Mousse au Chocolat,
Fürst-Pückler-Eis „Pistacia";

auch Crêpes Suzettes, sprich: Eierkuchen,
sollte man ruhig mal versuchen.
(Es ist besonders raffiniert,
wenn man die Dinger auch flambiert).

Wenn dann schließlich nichts mehr schmeckt,
gönnt man sich ein Gläschen Sekt.
Und ist man nicht von allen Sinnen,
dann kann der Abend jetzt beginnen …

Mein Wunsch zum Schluss – ganz unumwunden:
Habt so und so recht schöne Stunden,
pflegt das Feuer, pflegt das Essen –
da bleibt die Liebe unvergessen!

DER AUTOR

Dirk H. Wendt

Wenn Dirk H Wendt zur poetischen Feder greift und „verslich philosophiert", bringt er Satirisches, Zeitkritisches und Humoriges zu Papier.

Seine Studien in Sprache und Stil sowie textlicher Gestaltung und Kommunikation und seine jahrzehntelange praktische Arbeit und Erfahrung als Werbetexter leisten ihm dabei gute Dienste.

Den Impuls zum Konzipieren und Reimen gab ihm u.a. die Lektüre der Gedichte großer Idole: Wilhelm Busch, Joachim Ringelnatz, Christian Morgenstern, Kurt Tucholsky, Eugen Roth, Erich Kästner, Heinz Erhardt und James Krüss.

Seine Wurzeln sind in Oldenburg (Oldb), in Berlin studierte er, in Dietzenbach-Steinberg südlich von Offenbach lebt und arbeitet er heute.